스티븐 호킹

스티븐 호킹

성완 글 국민지 그림

비룡소

서너 살 정도 되어 보이는 귀여운 아이가 장난감 가게 앞에 서 있어요. 날씨가 제법 더워서 콧등에 땀이 났지만 아이는 조금도 신경 쓰지 않았어요. 가게 안에 진열된 장난감 열차 세트에 정신이 팔렸거든요. 장난감 열차가 선로를 따라 천천히 움직였어요.

'우아, 신기해! 어떻게 저절로 가는 걸까?'

아이는 장난감 전기 열차가 너무 흥미로웠어요. 하지만 너무 비싸서 부모님에게 사 달라고 조르지 못하고 몇 날 며칠 가게 앞을 서성이며 구경만 했어요.

결국 아이는 용돈을 모아 둔 통장을 가지고 은행으로 달려갔어요. 통장에 크리스마스나 세례식 같은 특별한 날에 받은 돈이 차곡차곡 쌓여 있었거든요.
"꼬마야, 무슨 일로 왔니?"
은행 직원이 상냥하게 묻자, 아이가 대뜸 답했어요.
"통장에 있는 돈을 몽땅 주세요!"
아이는 그렇게 찾은 돈으로 꿈에 그리던 장난감 열차 세트를 덥석 사 버렸어요.

장난감 열차가 어떻게 움직이는지 궁금했던 아이, 직접 만져 봐야 직성이 풀리는 아이…….
훗날 이 아이는 우주의 비밀을 연구하는 과학자가 돼요. 바로 천재 물리학자 스티븐 호킹이에요.

스티븐 호킹은 1942년 1월 8일 영국 옥스퍼드에서 태어났어요. 아버지 프랭크는 열대병을 연구하는 의사였어요. 열네 살 때부터 죽을 때까지 하루도 거르지 않고 일기를 쓸 만큼 성실했지요. 어머니 이소벨은 더 좋은 사회를 만드는 일에 관심이 많았고요.

어린 스티븐은 늘 유쾌하고 장난기가 넘쳤어요. 말을 더듬는 버릇이 있었지만, 그런 일로 주눅 들지 않았어요. 오히려 암호 같은 말을 만들어 재치 있게 썼지요.

"어? 스티븐이 신기한 말을 쓰네."

"하하, 쟤만 쓰는 말이니까 '호킹어'라고 부르자."

친구들은 호킹어를 무척 재밌어했어요.

또한 스티븐은 몸이 약해서 집에 누워 있을 때가 잦았어요. 그럴 땐 상상 놀이를 하며 즐겁게 보냈지요.

스티븐은 일곱 살에야 글자를 깨쳤어요. 그 뒤로 책을 읽는 재미에 흠뻑 빠졌지요. 책 속엔 흥미롭고 궁금한 이야기가 가득했거든요.

하루는 과학책을 읽다가 지구가 굉장히 빨리 돈다는 사실을 알게 됐어요. 스티븐은 곧장 서재로 달려가 아버지에게 물었어요.

"지구가 도는데, 왜 우리는 어지럽지 않은 거죠?"

아버지가 읽던 책을 내려놓으며 빙긋 웃었어요.

"스티븐, 예전에 우리가 기차를 탄 일을 기억하니? 그때 네가 멀미했잖아. 아빠가 왜 그런 거랬지?"

"창밖의 나무와 집을 봐서요. 멈춰 있는 것들을 보면 기차가 움직이는 게 느껴져서 어지럽다고……. 아, 이제 알겠어요!"

곰곰이 생각하던 스티븐의 얼굴이 밝아졌어요.

"지구에 있는 건 전부 돌아요! 나무도, 산도, 집도요! 그러니 지구가 돈다는 걸 느끼지 못해서 어지럽지 않은 거네요!"

스티븐의 호기심은 지구 너머로 점점 커졌어요.

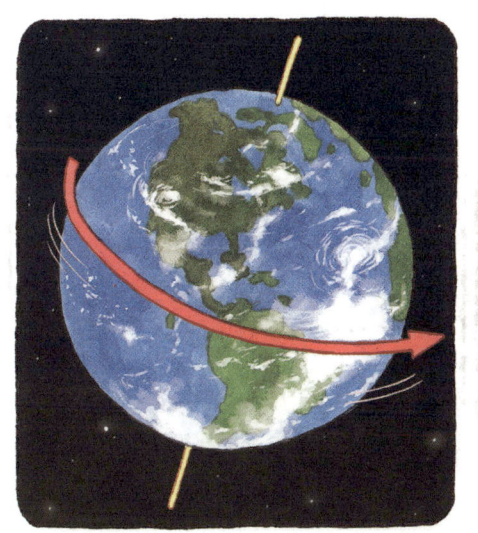

얼마 후, 스티븐네 가족은 아버지의 일터를 따라 세인트 올번스로 이사 갔어요. 아버지가 일 때문에 집을 비울 때면 어머니는 스티븐과 동생들을 데리고 에스파냐 마요르카섬으로 놀러 갔어요.

그곳에서 스티븐은 어머니와 함께 밤하늘의 별을 보곤 했어요. 날씨가 따뜻하고 맑은 마요르카섬에서 바라보는 별은 정말 아름다웠지요.

"어머니, 우주는 얼마나 클까요?"

"상상도 못 할 만큼 크지 않을까? 과학자들이 알아낸 우주도 어마어마한데, 그 밖에 있는 우주가 훨씬 크니 말이야."

"그렇게 큰 우주가 어떻게 만들어진 걸까요?"

스티븐은 별이 있는 우주가 너무 궁금했어요. 우주는 어떻게 시작된 걸까? 얼마나 클까? 별은 어떤 원리로 움직일까? 과연 다른 생명체가 살고 있을까?

문득, 스티븐은 이런 생각이 들었어요.

'내가 커서 우주의 비밀을 풀어 볼까?'

그러자 이상하게 가슴이 두근두근 설렜어요.

스티븐은 언어 공부에는 흥미가 없고, 수학과 과학을 좋아했어요. 세인트 올번스 스쿨에 들어간 아홉 살 이후에도 마찬가지였어요.

그 무렵 스티븐은 친구들과 값비싼 전자 제품을 분해해서 그것이 어떻게 움직이는지 살펴보곤 했어요.

"존, 오늘 나랑 카메라 분해해 보자!"

"스티븐, 엊그제 라디오를 부쉈잖아. 근데 또?"

"어허, 카메라는 작동하는 원리가 전혀 다르다고."

"그런 건 자꾸 알아서 뭐 하게? 시험에 나오지도 않는데."

"시험엔 안 나와도 새로운 발명품은 나올 수 있잖아. 원리를 알면 얼마든지 응용할 수 있으니까!"

실제로 스티븐은 물건들을 분해해 알게 된 원리를 활용해서 무선으로 움직이는 장난감을 만들었어요. 졸업 즈음엔 친구들과 힘을 합쳐서 계산기 수준의 단순한 컴퓨터도 만들었고요.

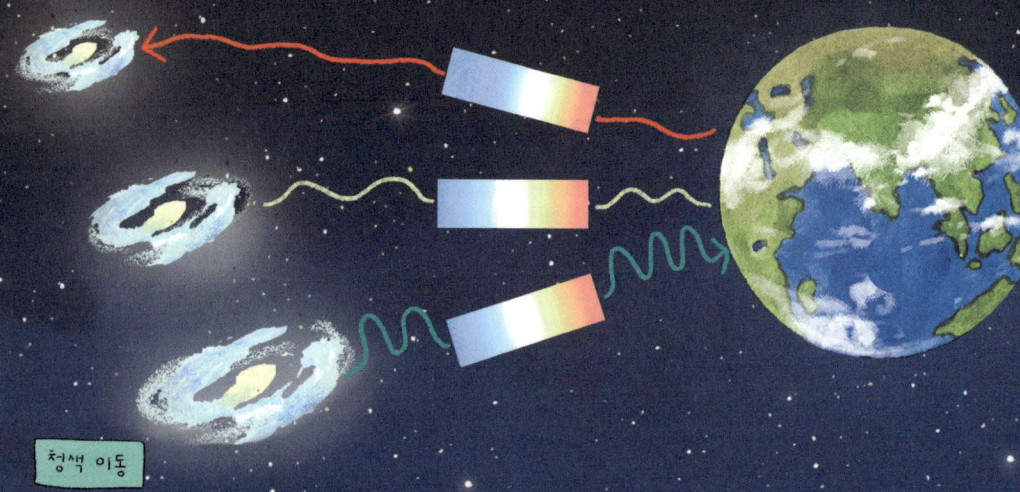

스티븐은 친구들과 토론을 즐겼어요. 주제는 다양했어요. 무선 조종 장난감부터 시작해 종교, 우주, 초능력 같은 초자연 현상까지 안 다루는 주제가 없었지요.

"먼 은하에서 오는 빛은 스펙트럼의 빨간색 끝으로 치우친대. 왜 그럴까? 빛이 멀리서 지구까지 오느라 지쳐서 끝에 머무는 게 아닐까?"

스티븐은 틀리는 걸 두려워하지 않고, 자기 생각을 주저 없이 말했어요. 친구들 의견에도 귀를 기울였고요. 또한 토론 내용을 곱씹으며 어느 의견이 맞는지, 또 틀리다면 왜 틀린지 계속 고민했지요. 그런 과정 덕분에 스티븐은 생각하는 힘을 키울 수 있었어요.

주말이면 아버지와 열띤 토론을 벌이기도 했어요. 특히 종교 문제를 놓고는 팽팽하게 맞섰어요. 아버지는 스티븐에게 매일 성경을 읽어 줄 만큼 믿음이 깊었어요. 스티븐은 그런 아버지를 이해할 수 없었지요.

"아버지는 과학을 공부했잖아요. 그런데 어떻게 신을 믿어요? 신이 세상을 만들었다는 건 너무 터무니없어요."

"스티븐, 신은 분명히 존재한단다. 눈에 보이지 않을 뿐이야. 신의 존재를 부정하지 말렴."

아버지와 스티븐은 끝내 의견을 좁히지 못했어요.

'우주의 비밀을 밝혀 보자. 그럼 누구의 말이 맞는지 알 수 있겠지!'

스티븐은 우주를 연구하기로 결심했어요. 가장 흥미를 느끼는 분야인 데다가, 우주의 시작을 알아낸다면 신의 존재에 대한 궁금증도 풀릴 테니까요.

스티븐이 세인트 올번스 스쿨을 졸업하려면 일 년도 넘게 남았을 때예요. 스티븐은 또래보다 일찍 대학에 가기로 마음먹었어요. 여러 과목을 배우는 것보다 좋아하는 공부에 집중하고 싶었거든요.

스티븐은 한 학년 선배들과 같이 옥스퍼드 대학교 지원서를 들고 교장 선생님을 찾아갔어요. 하지만 교장 선생님은 고개를 절레절레 저었어요.
"스티븐, 올해는 힘들어. 내년에나 지원하렴."
스티븐은 어렸고, 성적도 그리 좋은 편이 아니었거든요. 하지만 스티븐은 순순히 물러서지 않았어요.
"그래도 해 볼래요! 밑져야 본전이죠!"

지원서를 낸 스티븐은 밤잠을 줄여 가며 열심히 공부했어요. 그리고 입학시험에서 만점에 가까운 점수를 받으며, 옥스퍼드 대학교 물리학과에 장학생으로 당당히 합격했어요.

대학생이 된 스티븐은 부푼 마음으로 학교생활을 시작했어요. 하지만 기대와 달리 무척 실망스러웠어요. 나이 많은 학생들과 친해지는 건 만만치 않았고, 수업은 너무 쉬워서 시시했거든요.

'아, 심심해. 뭐 재밌는 일 없을까?'

학교 생활이 따분했던 스티븐은 친구도 사귈 겸 조정 클럽에 가입했어요.

조정은 보트를 타고, 정해진 곳에 먼저 도착하는 팀이 이기는 운동 경기예요. 노를 젓는 노잡이 예닐곱 명과 방향을 조종하는 키잡이 한 명이 팀을 이루지요.

스티븐은 그중 키잡이를 맡았어요. 노잡이는 체격이 좋고 힘센 사람이 유리하지만, 키잡이는 몸이 날래고 판단이 빠르며 정신력이 강한 사람이 잘하거든요. 그야말로 스티븐에게 딱 어울렸죠.

스티븐은 무모할 정도로 방향을 급히 꺾거나 위험한 길을 고를 때가 많았어요. 가끔 노가 부러지거나 배가 부서지기도 했지요.

"스티븐, 아까는 정말 아찔했어!"

"바위에 부딪힐까 봐 조마조마했다고."

스티븐은 노잡이 친구들이 하소연할 때마다 유쾌하게 웃으며 대답했어요.

"하하, 험하긴 해도 그쪽으로 가야 이기겠더라고."

비록 뛰어난 키잡이는 아니었지만, 친구들은 새로운 길에 도전하는 겁 없는 스티븐을 좋아했어요.

조정 클럽 활동으로 스티븐의 대학 생활은 활기차게 변했어요. 시합에서 이기면 짜릿했고, 친구들과 어울리는 건 즐거웠지요.

하지만 공부는 뒷전이 되었어요. 스티븐은 걸핏하면 수업을 빼먹고 하루에 한 시간도 책상 앞에 앉아 있지 않았어요. 그런데도 신기하게 공부를 잘했어요.

하루는 교수님이 학생들에게 어려운 물리 문제 열세 개를 숙제로 내 주었어요. 다들 그 문제를 풀기 위해 일주일 내내 끙끙댔어요.

반면 스티븐은 숙제를 거들떠보지도 않다가 수업 날 아침에야 부랴부랴 문제를 풀었어요.

그런데 다른 학생들이 고작 한두 개씩 맞힌 문제를 스티븐은 무려 열 개나 맞혔지요.

"스티븐, 너는 천재 아니면 괴물일 거야."
"아, 너무 불공평해! 나는 매일 밤샜는데!"
친구들이 스티븐을 보며 투덜거렸어요.

대학교 3학년이 된 스티븐 호킹은 진로를 정해야 했어요.

'우주의 비밀을 깊이 공부할래. 그게 내 꿈이니까.'

호킹은 케임브리지 대학교의 대학원에 가기로 마음먹었어요. 그곳에 있는 유명한 천문학자인 프레드 호일 교수 밑에서 공부하고 싶었거든요. 호킹은 열심히 공부해서 원하는 대학원에 무사히 합격했어요.

그런데 막상 대학원에 와서 보니, 호일 교수는 너무 인기가 많아서 지도 학생이 꽉 찬 상태였어요. 결국 호킹은 데니스 시아마 교수 밑에서 공부하게 되었어요.

　수업을 들은 호킹은 적잖이 당황했어요. 대학교 때는 수업 내용이 쉽고 만만했는데, 대학원에 오니 너무 어려웠거든요.
　'도통 무슨 말인지 모르겠어.'
　호킹이 대학원에서 공부한 건 '우주론'이었어요. 우주가 어떻게 생겨나서 어떻게 변화해 왔고, 또 먼 미래에는 어떤 일이 일어날지 등을 연구하는 학문이지요. 아주 복잡한 수학을 다루고요.
　그런데 호킹은 중고등학교 이후로 수학을 열심히 공부한 적이 없었어요. 그러니 수업이 어려울 수밖에요.

27

보다 못한 시아마 교수가 호킹을 불렀어요.

"지금 성적으로 우주론은 무리네. 그나마 수학을 적게 다루는 천체 물리학을 전공하는 게 어떻겠나?"

"저는 꼭 우주론을 공부하고 싶습니다."

호킹은 어떻게든 우주의 시작과 끝을 연구하고 싶었어요. 결국 시아마 교수도 호킹의 고집을 꺾지 못하고 승낙했어요.

"대신 상당한 노력이 필요하네. 우주론을 연구하려면 일반 상대성 이론을 반드시 알아야 하니 말일세."

"네, 어떻게든 공부해 보겠습니다!"

일반 상대성 이론은 아인슈타인이 발표한 거예요. 별, 행성, 은하처럼 큰 물체를 다루는 이론인데 시간과 공간, 우주와 물질을 연구하는 데 무척 중요해요.

'공부가 어렵다고 내 오랜 꿈을 포기할 순 없지!'

호킹은 시아마 교수의 격려를 받으며 밤낮으로 공부했어요. 일반 상대성 이론을 제대로 이해하려고 매주 런던에 있는 다른 학교에 가서 수업도 들었고요. 덕분에 공부도 차츰 수월해졌어요.

　그 무렵, 호킹은 몸에 이상을 느꼈어요. 손이 뻣뻣해서 물건을 자꾸 떨어뜨리는가 하면, 길을 걷다가 느닷없이 넘어졌어요. 말도 어딘가 어눌해졌고요.
　처음엔 대수롭지 않게 여겼어요. 대학교 때도 종종 그랬거든요. 그런데 증세가 점점 심해졌어요.
　대학원 첫 학기를 마치고 겨울 방학을 맞아 집에 왔을 때였어요. 동네에서 스케이트를 타다가 넘어졌는데 이번에는 도무지 일어날 수 없었어요.

"안 되겠다. 당장 병원에 가 보자."

놀란 어머니는 호킹을 데리고 병원에 갔어요.

호킹은 며칠에 걸쳐 검사를 받았어요. 마침내 검사를 마친 의사가 어머니를 따로 불렀어요. 그러고는 아주 착잡한 표정으로 말했어요.

"유감입니다. 근위축성 측삭 경화증입니다."

근위축성 측삭 경화증은 운동 신경이 파괴되면서 근육이 점차 마비되는 무시무시한 병이에요. 흔히 '루게릭병'이라고 부르는데 처음엔 손발을 마음대로 움직이지 못하다가, 나중에는 말을 못 하고 고개도 가누지 못해요. 결국 숨 쉬는 것조차 힘들어서 죽게 되고요.

의사를 만나고 돌아온 어머니는 흐르는 눈물을 감추며 호킹에게 병명을 얼버무렸어요. 하지만 호킹은 심각한 병이라는 걸 금방 알아챘어요. 살 수 있는 날이 2년 정도뿐이라는 사실도요.
'왜 하필 나지? 왜 나한테 이런 일이 생긴 거냐고!'
얼마 전 스물한 살이 된 호킹은 믿을 수 없었어요.
'이제 막 원하는 공부를 시작했는데, 해 보고 싶은 게 너무 많은데……. 남은 시간이 고작 2년이라니! 말도 못 하고 몸도 가누지 못하다가 죽는다니!'

개학을 맞아 학교로 돌아온 호킹은 아무것도 손에 잡히지 않았어요. 곧 죽는다고 생각하니 모든 게 부질없었지요.

'공부나 박사 학위가 다 무슨 소용이라고…….'

호킹은 사람들도 만나지 않고 온종일 기숙사에 틀어박혀 음악만 들었어요. 마음속은 온통 끝 모를 절망으로 고통스러웠어요.

절망에 빠진 호킹을 변화시킨 건 제인 와일드였어요. 호킹과 제인이 처음 만난 건, 병을 알기 얼마 전이었어요. 크리스마스 파티에서 우연히 만난 두 사람은 서로 호감을 느끼며 이내 연인이 되었지요.

　제인도 호킹의 병을 알고 큰 충격에 빠졌어요. 그래도 호킹을 사랑하는 마음은 더욱 커졌어요. 제인은 끊임없이 호킹을 찾아가서 위로했어요.
　"호킹, 용기를 내요. 우리 같이 병을 이겨 내요."
　"소용없어요. 나는 곧 죽는다고요!"
　"아니요, 절대 죽지 않아요. 극복할 수 있어요."
　제인이 보여 준 확고한 믿음과 사랑으로 호킹은 변하기 시작했어요. 굳게 닫혔던 마음의 문이 조금씩 열린 거예요.

'그래, 어차피 곧 죽을 거라면 이렇게 울상만 지을 게 아니라 즐겁게 사는 게 낫지 않겠어? 좋은 일도 하면서 말이야!'

마음을 다잡은 호킹은 곧바로 제인과 약혼했어요. 결혼은 대학원을 졸업하고, 안정된 일자리를 구한 뒤에 하기로 약속했고요.

호킹은 선물 같은 하루하루를 허투루 보낼 수 없었어요. 그래서 병 때문에 소홀했던 공부를 다시 시작하고 정식 연구원이 되기 위해 열심히 연구했어요. 그건 제인과 결혼하기 위해서라도 필요한 일이었어요.

1964년 6월, 호일 교수가 새로운 연구를 발표하는 자리에 수많은 과학자가 참석했어요. 그곳엔 스물두 살의 연구생 호킹도 있었어요.
　"호일 교수가 어떤 연구를 발표할지 궁금하군!"
　"나는 이 강연을 들으려고 새벽 기차를 탔다네."
　과학자들은 이날 발표에 기대가 컸어요.
　"크나큰 우주가 작은 점에서 시작됐다는 게 말이나 되나? 이참에 호일 교수가 제대로 밝혀 주면 좋겠네."

그 무렵 과학자들은 우주의 시작에 대해 논쟁했어요. 한 무리는 우주가 특별한 시작도, 끝도 없이 늘 같은 상태로 영원히 존재한다는 '정상 우주론'을 주장했어요. 다른 한 무리는 하나의 점이 폭발한 뒤 계속 부풀어 올라 오늘날 우주가 됐다는 '빅뱅 이론'을 주장했고요. 두 주장은 팽팽히 맞섰지요.

호일 교수는 정상 우주론을 주장하는 대표적인 과학자였어요.

호일 교수가 발표를 끝내고 질문을 받기 시작했어요.
그런데 객석에 앉아 있던 호킹이 손을 들고 호일 교수의 주장에 문제를 제기했어요.

"교수님의 주장대로 계산해 보면…… 우주에서는 새로운 물질이 끊임없이 만들어집니다……. 물리학의 기본 법칙에 어긋나지요……. 그러니 학설에…… 문제가 있습니다."

호킹의 말투는 어눌했어요. 하지만 눈빛은 누구보다 예리했지요.

"뭘 근거로 그렇게 말하는 겁니까! 이 복잡한 걸 암산이라도 했단 말입니까?"

호일 교수가 발끈했어요. 호킹이 자신의 연구를 방해하러 온 사람이라고 여긴 거예요.

그런데 나중에 호킹의 지적이 맞았다는 게 밝혀졌어요. 이 일이 과학계에 널리 소문나면서 호킹은 단숨에 유명해졌어요.

공부하는 틈틈이 안정적인 직장을 구하던 호킹은 마침내 케임브리지 대학교의 특별 연구원이 되었어요. 그리고 1965년 7월, 약속대로 제인과 결혼했어요.

처음엔 제인이 아직 학생이어서 두 사람은 런던과 케임브리지를 오가며 지냈어요. 하지만 호킹이 갈수록 걷는 게 힘들어지면서 나중엔 함께 지낼 곳을 마련했지요.

호킹은 병 때문에 삶을 망가뜨리지 않았어요. 지팡이를 짚은 채 위태롭게 교정을 걷고, 또 어눌한 말투로 사람들과 느릿느릿 대화하면서도 여전히 유쾌하고 재치가 넘쳤어요.

"주말에 우리 집에서…… 조촐하게 파티…… 어때?"

사람들과 어울리길 좋아했던 호킹은 친구나 연구실 동료를 자주 집으로 초대했어요. 덕분에 호킹의 집은 늘 사람들로 북적였어요.

호킹은 몸이 굳어지는 속도를 늦추기 위해서 어지간한 일은 스스로 했어요. 물론 쉽지는 않았어요. 계단을 오르려고 벽에 등을 기댄 채 몸을 질질 끌었고, 스웨터를 혼자 갈아입다가 지쳐서 쓰러지기도 했어요. 그래도 포기하지 않았지요.

하루는 저녁을 먹는데, 호킹이 뻣뻣하게 굳은 손가락 때문에 숟가락을 자꾸 떨어뜨렸어요. 입가엔 수프를 잔뜩 묻힌 채로요.

제인은 호킹이 안쓰러웠어요.

"호킹, 내가 도울까요?"

"걱정…… 마요. 내일 아침까지는…… 다 먹을 것…… 같아요."

호킹은 걱정하는 제인에게 오히려 농담을 건넸어요.

결혼 후, 안정적인 생활을 하게 된 호킹은 오랫동안 가슴에 품었던 물음에 답을 찾기 시작했어요.

'우주는 어떻게 시작됐지? 어떤 원리로 움직일까?'

'신은 존재할까?'

'인류의 미래는 어떤 모습일까?'

호킹은 하루도 거르지 않고 연구실로 갔어요. 꿈을 좇는 호킹에게 병은 조금도 걸림돌이 되지 못했거든요.

박사 논문을 준비하던 호킹은 '블랙홀 한가운데에 있는 특이점'을 다룬 로저 펜로즈의 논문을 읽게 되었어요. 블랙홀은 물체를 잡아당기는 힘이 엄청나게 강한 우주의 구멍이에요. 모든 물질, 심지어 빛까지도 빨아들이죠.

　펜로즈는 어떤 모양의 별이든 죽으면, 모든 걸 빨아들이는 구역인 블랙홀의 특이점이 된다고 주장했어요. 그리고 그 주장을 수학적으로 증명해 냈지요.

펜로즈의 논문은 호킹에게 큰 영감을 주었어요.
'이 이론을 우주 전체에 적용하면? 죽은 별에서 블랙홀의 특이점이 생긴 것처럼 우주에도 시작점이 있는 게 아닐까? 빅뱅 이론에 따르면, 아주 작은 점이 어느 순간 펑 터지면서 우주가 생겨난 거잖아.'
호킹은 몹시 흥분됐어요. 빅뱅의 특이점을 밝혀낸다면 그 이론이 맞다는게 증명될 테니까요.
때마침 시아마 교수가 호킹에게 펜로즈를 소개해 줬어요. 두 사람은 특이점 연구에 온 힘을 기울였어요.

1965년 가을, 런던의 한 학회장에 과학자들이 가득 모였어요. '호킹-펜로즈의 특이점 정리'가 발표되는 날이었거든요.

"우주는 부풀어 오르면서 커진 것이고, 일반 상대성 이론이 옳다면 우주 전체는 하나의 특이점에서 시작됐습니다!"

학회장이 술렁였어요. 특히 정상 우주론을 믿던 과학자들은 크게 반발했어요. 이 학설이 맞다면 지금까지 했던 자신들의 주장이 틀렸다는 얘기가 되니까요.

호킹과 펜로즈는 빛은 입자(물질을 이루는 아주 작은 크기의 물체)로 이루어져 있다는 '양자 이론'을 활용해서 자신들의 주장을 수학적으로 명쾌히 증명했어요. 그 때문에 정상 우주론을 주장하던 과학자들도 더는 반박할 수 없었지요.

　호킹은 '호킹-펜로즈의 특이점 정리'를 토대로 박사 학위를 받으며 과학계의 엄청난 주목을 받았어요. 그뿐 아니라 이 연구는 정상 우주론과 빅뱅 이론의 논쟁을 끝내는 데 결정적인 역할을 했어요.

자신감이 붙은 호킹은 일반 상대성 이론과 양자 역학을 결합해 블랙홀을 연구하기 시작했어요.

'일반 상대성 이론'이 커다란 우주를 연구한다면, '양자 역학'은 눈에 보이지 않을 정도로 아주 작은 입자 안에서 일어나는 현상을 연구해요.

이전까지 과학자들은 두 학문을 전혀 다른 분야라고 생각했어요. 그런데 1974년, 호킹이 이 둘을 하나로 연결해서 연구한 '호킹 복사' 이론을 발표했어요.

"블랙홀은…… 물질을 빨아들이기만 하는 게 아닙니다……. 빛이나 입자를 내보내기도 합니다……. 또 언젠가는…… 폭발하여 사라집니다……."

또다시 과학계가 발칵 뒤집혔어요. 그동안 과학자들은 블랙홀에서 그 무엇도, 심지어 빛마저도 빠져나올 수 없다고 생각했거든요.

과학자들은 호킹 복사 이론을 높이 평가했어요. 서로 관련이 없어 보이던 두 학문을 연결해 더 좋은 이론을 선보였고, 또한 블랙홀 연구의 새로운 장을 열었으니까요. 이 이론은 지금까지도 호킹의 가장 큰 업적으로 꼽혀요.

호킹 복사 이론 발표로, 호킹은 수많은 상을 휩쓸었어요. 케임브리지 대학교의 교수도 되었지요.

1974년 봄, 서른두 살 호킹이 최연소로 영국 왕립 학회의 회원이 되는 날이었어요. 보통은 신입 회원이 높은 단 위에 올라, 회원들의 이름이 적힌 책 첫 페이지에 자기 이름을 써야 했어요.
　하지만 호킹은 몸이 불편해서 연단을 오르지 못하고, 대신 왕립 학회의 회장이 첫 줄에 앉은 호킹에게 다가왔어요. 회장이 책을 건네며 정중하게 말했어요.
　"여기에 이름을 쓰면 됩니다."
　"감사…… 합…… 니다."

호킹이 불편한 손으로 한 자, 한 자 이름을 썼어요. 시간이 꽤 오래 걸렸지만, 모두 숨죽인 채 기다렸어요.
"이제…… 다…… 썼습…… 니다."
호킹이 자신의 이름을 다 쓰고 나서 밝게 웃었어요. 사람들은 일어나 힘껏 박수를 쳤어요. 호킹이 이룬 과학적 업적과 병을 이겨 낸 용기에 대한 존경심을 가득 담아서 말이에요.

호킹이 과학자로 큰 성공을 거두고 있을 때, 안타깝게도 제인은 몸과 마음이 무척 지쳐 있었어요. 세 아이를 키우면서 몸이 불편한 남편을 돌보는 일은 사랑과 의지만으로 되는 게 아니었지요.

'하아, 몸이 열 개라도 모자라겠어.'

호킹의 몸 상태는 계속 나빠졌어요. 제인은 호킹을 업어서 휠체어로 옮길 때마다 녹초가 됐어요. 호킹이 시도 때도 없이 호흡 곤란에 빠지는 바람에 놀라기 일쑤였고요.

1985년, 호킹과 제인이 스위스의 연구소에 방문했을 때예요. 갑자기 호킹의 숨이 또 거칠어졌어요. 급성 폐렴이었어요. 호킹은 급히 병원으로 실려 갔어요.
의사가 제인에게 말했어요.
"가망이 없습니다. 차라리 편안하게 보내 드리죠."
하지만 제인은 그대로 포기할 수 없었어요.
"케임브리지로 가겠어요! 가서 어떻게든 호킹을 살릴 방법을 찾을 거예요!"
그길로 제인은 구급 항공기에 호킹을 태우고 케임브리지에 있는 병원으로 갔어요.

그런데 케임브리지의 의사도 제인에게 절망적인 말을 전했어요.

"서둘러 기관 절개술을 하지 않으면 죽습니다."

제인은 숨이 턱 막혔어요.

기관 절개술을 하면 호킹이 목소리를 잃게 되기에 제인은 망설였어요. 무조건 살려야 한다는 생각이 들다가도, 말을 못 하게 된 호킹이 절망할 모습을 생각하면 그냥 보내 주는 게 맞는 것도 같았어요.

제인은 결국 수술하기로 결정했어요. 다행히 수술은 성공적이었어요. 하지만 호킹은 더 이상 말을 할 수 없었어요. 제인은 그런 호킹을 보며 마음이 무거웠어요. 자신의 선택을 후회할 때도 있었지요.

그걸 눈치챈 호킹이 제인의 손바닥에 이렇게 썼어요.
'수술하는 동안 열기구를 타고 하늘을 나는 꿈을 꿨어요. 얼마나 신나던지……. 당신은 내게 다시 생명을 준 거예요. 고마워요.'

목소리를 잃은 호킹은 철자 카드를 이용해 사람들과 간신히 소통했어요. 그러던 어느 날 호킹에게 반가운 소식이 찾아왔어요.

호킹의 일을 안타깝게 여긴 미국의 컴퓨터 전문가 월트 월토즈가 '이퀄라이저'라는 컴퓨터 프로그램을 보내온 거예요.

이퀄라이저는 화면에서 단어를 선택해 문장을 만들면, 컴퓨터가 기계 소리로 읽어 주는 프로그램이에요.

"화면에 단어들이 보이죠? 그중에 원하는 단어를 누르면 음성으로 변할 거예요. 한번 해 보시죠."

호킹이 월토즈가 알려 준 대로 손가락을 움직여 원하는 단어를 하나씩 눌러서 문장을 완성했어요. 그랬더니 정말 기계로 합성된 목소리가 흘러나왔어요.

이퀄라이저 사용법을 익힌 호킹은 가장 먼저 제인에게 농담을 건넸어요.

"어때요? 내 새로운 목소리가 마음에 들어요? 솔직히 나는 아주 만족해요. 말을 더듬는 것보다 훨씬 근사하잖아요!"

건강을 되찾은 호킹은 책을 쓰기로 마음먹었어요.
"누구나 읽을 수 있는 쉬운 과학책을 써 볼까 하네."
하지만 동료 과학자들은 어리둥절해했지요.
"허허, 사람들이 무슨 수로 그 어려운 이론을 이해하겠나? 수학 공식만 봐도 머리가 지끈거릴걸?"
"복잡한 공식은 빼면 되지. 우주의 시작과 끝, 그리고 작동 원리, 블랙홀……. 누구나 궁금해하는 게 아닌가. 그러니 우리가 알려 줘야지."
호킹은 과학을 잘 모르는 사람들에게 우주를 쉽게 설명하는 것도 과학자가 할 일이라고 생각했어요.

호킹은 조수 휘트의 도움을 받아 책을 만들었어요.
누구나 이해할 수 있게 우주의 비밀을 알려 주는 일은 생각보다 힘들었어요. 과학지에 실을 논문을 쓰는 것보다 훨씬 어려웠지요. 하지만 호킹은 포기하지 않았어요.
"휘트, 조금 더 힘을 내세. 공항의 서점 진열대에도 흔하게 보일 만큼 인기 있는 과학책을 만들면 얼마나 기쁘겠나!"

    1988년, 4년 동안 공들여 작업한 『시간의 역사』가 마침내 세상에 나왔어요. 호킹이 쓴 책은 나오자마자 40개 언어로 번역되며 천만 부 이상 팔렸어요. 영국에서는 4년 내내 베스트셀러였지요.
    사람들에게 과학 지식을 쉽게 설명하고, 더 많은 사람과 소통하겠다는 호킹의 바람이 이뤄진 거예요.

이후에도 호킹은 『블랙홀과 아기 우주』, 『호두 껍질 속의 우주』, 『위대한 설계』 등 쉽게 읽을 수 있는 과학책을 많이 냈어요. 또한 딸 루시와 함께, 우주를 다룬 과학 동화책 「조지」 시리즈도 썼어요.

호킹은 과학자로 존경받으며, 부와 명예를 모두 얻었어요. 케임브리지 대학교에서 루카스 수학 석좌 교수로 일했고 이스라엘의 울프상 물리학 부문, 미국 대통령 자유 훈장 등 전 세계에서 큰 상도 많이 받았지요. 그에게 배우려는 사람도, 그를 도우려는 사람도 갈수록 많아졌고요.

그제야 제인은 호킹과 이별을 결심했어요.

"미안해요. 이제 남은 삶은 나에게 선물하고 싶어요."

"이해해요. 당연히 그래야지요. 당신은 내게 생명과 희망을 주었어요. 늘 미안하고 고마웠어요. 당신을 진심으로 축복할게요."

제인과 헤어진 호킹은 자신을 돌보던 간호사와 여러 사람의 도움을 받아 생활을 꾸려 나갔어요.

어느덧 호킹은 세계에서 가장 유명하고 인기 있는 과학자가 되었어요. 덕분에 인터뷰와 강연 요청이 끊임없이 이어졌지요.

'우주의 비밀을 연구실에 가두면 안 돼. 지금까지 찾은 지식을 많은 사람과 나누고, 함께 고민해 보자!'

호킹은 자신을 부르는 곳이면 어디든 달려갔어요. 미국, 독일, 한국, 중국, 인도, 심지어 남극까지도요. 건강한 사람도 감당하기 힘든 일정이었지만 호킹은 사람들을 만나며 오히려 힘을 얻었어요.

호킹의 강연은 쉽고 재밌기로 유명했어요.

"아, 제가 아프죠? 통증을 느끼지 못해 깜박했네요."

"이래 보여도 할 수 있는 게 아주 많아요. 그것만 해도 시간이 모자라는데, 굳이 내가 못 하는 걸 떠올릴 필요가 있나요?"

정말로 호킹은 자신이 할 수 있는 그 이상의 경험을 했어요. 고개도 가눌 수 없는 몸으로 잠수함이나 열기구를 탔고, 또 무중력 비행 체험도 했어요.

호킹은 아이들의 꿈도 응원했어요.

"고개를 들어 별을 보세요. 발만 보지 마세요. 여러분이 보는 것을 이해하고 항상 호기심을 가지세요."

전 세계에서 많은 사람들이 호킹을 진심으로 좋아했어요. 단지 연구 업적이 뛰어났기 때문만은 아니었어요. 호킹은 우주의 비밀을 알기 쉽게 설명해 줬어요. 핵무기나 환경 문제 등을 함께 걱정했고요. 또 아픈 몸으로도 항상 밝게 지내며 꿈을 포기하지 않았어요.

호킹은 사람들과 함께한 최고의 과학자이자 희망의 상징이었던 거예요.

2018년 3월 14일, 호킹은 일흔여섯 살의 나이로 세상을 떠났어요. 처음에 호킹을 진단했던 의사가 말한 시간보다 무려 50여 년을 더 산 셈이죠.
　호킹은 자서전에서 자신이 행복한 까닭을 이렇게 밝혔어요.
　"지난 50여 년 동안 우주에 대한 우리의 생각은 많이 바뀌었어요. 거기에 내가 조금이라도 무언가를 보탰다면 나는 행복합니다."
　평생 호기심 많은 아이처럼 "왜?" 혹은 "어떻게?"를 물었던 호킹. 늘 밝고 유쾌하게 삶을 즐겼던 호킹. 자신의 꿈을 이루며 우주의 비밀에 한 발짝 다가간 호킹.
　지금쯤 그는 자신이 그토록 좋아하던 우주에서 멋진 여행을 하고 있을 거예요.

♣ 사진으로 보는 스티븐 호킹 이야기 ♣

1990년 9월 9일, 주한 영국 대사관에 초대된 스티븐 호킹의 모습이에요. 김대중, 김영삼 등 정치인과 여러 과학자들이 만찬에 참석했고, 열띤 반응에 호킹은 신라 호텔에서 두 차례 특별 강연도 했어요.

스티븐 호킹이 쓴 『시간의 역사』는 1988년 4월 1일에 벤탐 델 출판사에서 출간되었어요. 우주에 대한 인류의 지식이 어떻게 변화해 왔는지를 담았지요. 2018년 호킹의 유품으로 이 책의 초판(엄지 날인본)이 경매에 오르기도 했어요.

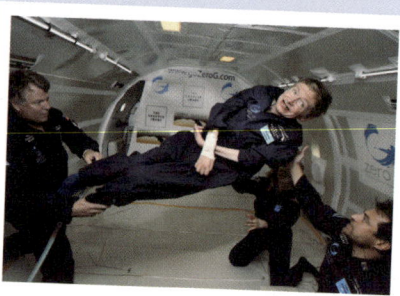

스티븐 호킹은 2007년 1월 8일에 예순 다섯 번째 생일을 기념해, 개조된 보잉 727 항공기를 타고 무중력 비행을 체험했어요.

2008년 4월 21일, 스티븐 호킹은 딸 루시와 미국 워싱턴 조지타운 대학교에서 NASA 창립 50주년 기념 강연을 했어요. 호킹은 '왜 인류는 우주로 향해야 하는가?'라는 주제로 이야기했어요.

2009년 8월 12일은 스티븐 호킹이 딸 루시(오른쪽)와 함께 버락 오바마 미국 대통령(왼쪽)을 만난 날이에요. 이날 호킹은 '대통령 자유 훈장'을 받았어요.

2018년 3월 14일, 세상을 떠난 스티븐 호킹은 영국 웨스트민스터 사원에 잠들었어요. 아이작 뉴턴과 찰스 다윈의 묘 사이에 묻혔지요.

♣ 스티븐 호킹에 대해 더 궁금한 것들 ♣

천재 물리학자인 스티븐 호킹은 왜 노벨상을 받지 못했나요?

호킹은 상대성 이론과 우주에 대한 독창적인 이론으로 현대 물리학 분야에 뛰어난 성과를 남겼어요. 아인슈타인이나 마리 퀴리 같은 유명한 물리학자와 달리, 노벨 물리학상을 받지 못했지만요. '호킹 복사' 이론은 수학으로 증명되었지만 실제로 확인하지는 못했거든요. 이론을 실제로 증명하려면 블랙홀과 똑같은 조건의 환경을 만들어야 하는데 이는 불가능한 일이었지요.

그런데 호킹의 사망 1년 뒤인 2019년, 놀라운 소식이 들려왔어요. 이스라엘 공과 대학에서 '호킹 복사' 이론을 실험으로 증명했다는 내용이었지요. 이 연구 팀은 빛 대신에 소리로 블랙홀 환경을 만들어서 호킹의 이론을 실험했어요. 호킹이 머릿속으로 계산해 내놓은 이론이 사실로 확인된 순간이었지요.

스티븐 호킹의 이론도 틀린 적 있다고요?

호킹과 양자 역학을 공부하는 과학자들 사이에 블랙홀을 두고 논쟁이 벌어진 적이 있어요. 호킹은 블랙홀에 빨려 들어간 물질은 파괴되어 정보가 영원히 사라진다고 말했어요. 그러나 이 주장은 물질이 늘 보존된다는 원리와 맞부딪치는 내용이었지요.

2004년에 호킹은 자신의 블랙홀 이론을 처음으로 수정했어요. 블랙홀로 빨려 들어간 물질, 즉 정보가 다시 나올 수 있다는 사실을 인정한 거예요. 2014년에 호킹은 30년 동안 이어 온 블랙홀 이론을 다시 한번 수정하면서 자신의 주장이 '최대의 실수'였다고 말했어요. 과학자로서 솔직하고 용기 있게 오류를 인정한 호킹의 말은 화제가 되었지요.

병이 심해진 후에 스티븐 호킹은 어떻게 의사소통했나요?

목구멍을 절개해 더는 말할 수 없게 된 호킹은 '이퀄라이저' 프로그램으로 의사소통했어요. 스위치를 엄지손가락으로 눌러 화면에 뜬 단어들을 선택하면, 프로그램이 완성된 문장을 합성 목소리로 읽어 줬지요.

병으로 몸 상태가 더 나빠진 후에는 '워즈 플러스'와 '스피치 플러스' 프로그램을 썼어요. '워즈 플러스'로 화면에 원하는 글자가 지나갈 때 호킹이 뺨 근육을 움직이면 연결된 안경의 적외선 센서가 움직임을 포착하는 방식이었어요. 단어를 선택해 문장을 만들면 '스피치 플러스'가 합성 목소리로 읽어 줬지요.

『시간의 역사』도 이런 방식으로 조수와 함께 작업한 거예요. 강연할 때는 미리 만들어 둔 목소리를 한 문장씩 내보내고, 곁에 있는 사람이 목소리에 맞춰서 시각 자료를 보여 줬어요.

함께 보면 쏙쏙 이해되는 역사

◆ **1942년**
영국 옥스퍼드에서 태어남.

◆ **1963년**
근위축성 측삭 경화증 진단을 받음.

1940 | **1960**

● **1957년**
소련이 세계 최초의 인공위성 '스푸트니크 1호'를 쏘아 올림.

● **1961년**
소련의 유리 가가린이 인류 최초로 우주 비행에 성공함.

◆ **1982년**
영국에서 '영국 3등급 훈장(CBE)'을 받음.

◆ **1985년**
기관 절개술로 목소리를 잃고, 음성 프로그램을 쓰기 시작함.

◆ **1988년**
『시간의 역사』를 출간함.

◆ **1979년**
알베르트 아인슈타인 메달의 첫 수상자가 됨.

1975 | **1980**

● **1976년**
미국의 화성 탐사선 '바이킹 1호'가 처음으로 화성에 착륙함.

● **1981년**
미국이 최초로 유인 우주 왕복선 '컬럼비아호'를 발사함.

◆ 스티븐 호킹의 생애
● 우주 탐사의 역사

◆ 1965년
제인 와일드와 결혼함.

◆ 1966년
「팽창하는 우주의 성질」로
박사 학위를 받음.

● 1974년
'호킹 복사' 이론을 발표해
최연소로 왕립 학회 회원이 됨.

1965　　　　　　　　**1970**

● 1969년
미국의 '아폴로 11호'가
인류 최초로 달에 도착함.

● 1971년
소련이 세계 최초의 우주 정거장
'살류트 1호'를 쏘아 올림.

◆ 2007년
딸 루시와 함께
「조지」 시리즈를 출간함.

◆ 2009년
미국 대통령 자유 훈장을 받음.

◆ 2018년
일흔여섯 살의 나이로
세상을 떠남.

2000

● 2013년
우리나라 최초의 우주 발사체
'나로호' 발사에 성공함.

● 2022년
우리나라 최초의 달 탐사선
'다누리호' 발사에 성공함.

- 참고 도서

  스티븐 호킹, 전대호 옮김, 『나, 스티븐 호킹의 역사』(까치글방, 2013).

  키티 퍼거슨, 이충호 옮김, 『스티븐 호킹』(해나무, 2013).

- 사진 제공

  70쪽(위)_연합뉴스. 70쪽(아래 왼쪽)_연합뉴스.

  70쪽(아래 오른쪽)_NASA, Jim Campbell/ STORE NORSKE LEKSIKON.

  71쪽(위 왼쪽)_NASA, Paul. E. Alers/ 플리커.

  71쪽(위 오른쪽)_White House Photostream/ 위키피디아. 71쪽(아래)_연합뉴스.

글쓴이 **성완**

서울에서 태어났다. 『다락방 명탐정』으로 제2회 비룡소 문학상을 받았다. 쓴 책으로 「다락방 명탐정」 시리즈, 「온 더 볼」 시리즈, 『축구왕 차공만』, 『내 동생이 수상하다』, 『앵그리 병두의 기똥찬 크리스마스』, 『낯선 발소리』 등이 있다.

그린이 **국민지**

전북 전주에서 태어났다. 즐겁게 그림 그리는 일을 하고 있다. 지금까지 동화 「오늘도 용맹이」 시리즈, 『강남 사장님』, 『당신의 소원을 들어 드립니다』, 『13일의 단톡방』, 『햇빛마을 아파트 동물원』, 『담임 선생님은 AI』, 『슈퍼 똥 파워』 등에 그림을 그렸다.

새싹 인물전
072

스티븐 호킹

1판 1쇄 찍음 2025년 2월 11일   1판 1쇄 펴냄 2025년 2월 25일

글쓴이 성완   그린이 국민지
펴낸이 박상희   편집장 전지선   편집 최미소, 송재형   디자인 전유진
펴낸곳 (주)비룡소   출판등록 1994.3.17. (제16-849호)
주소 06027 서울시 강남구 도산대로1길 62 강남출판문화센터 4층
전화 02)515-2000   팩스 02)515-2007   홈페이지 www.bir.co.kr
제품명 어린이용 각양장 도서   제조자명 (주)비룡소   제조국명 대한민국   사용연령 3세 이상

ⓒ 성완, 국민지, 2025. Printed in Seoul, Korea.

ISBN 978-89-491-2952-5 74990
ISBN 978-89-491-2880-1 (세트)

「새싹 인물전」 시리즈

001	**최무선** 김종렬 글 이경석 그림	031	**유관순** 유은실 글 곽성화 그림
002	**안네 프랑크** 해리엇 캐스터 글 헬레나 오웬 그림	032	**알렉산더 벨** 에마 피시엘 글 레슬리 뷔시커 그림
003	**나운규** 남찬숙 글 유승하 그림	033	**윤봉길** 김선희 글 김홍모·임소희 그림
004	**마리 퀴리** 캐런 월리스 글 닉 워드 그림	034	**루이 브라유** 테사 포터 글 헬레나 오웬 그림
005	**유일한** 임사라 글 김홍모·임소희 그림	035	**정약용** 김은미 글 홍선주 그림
006	**윈스턴 처칠** 해리엇 캐스터 글 린 윌리 그림	036	**제임스 와트** 니컬라 백스터 글 마틴 렘프리 그림
007	**김홍도** 유타루 글 김홍모 그림	037	**장영실** 유타루 글 이경석 그림
008	**토머스 에디슨** 캐런 월리스 글 피터 켄트 그림	038	**마틴 루서 킹** 베르나 윌킨스 글 린 윌리 그림
009	**강감찬** 한정기 글 이홍기 그림	039	**허준** 유타루 글 이홍기 그림
010	**마하트마 간디** 에마 피시엘 글 리처드 모건 그림	040	**라이트 형제** 김종렬 글 안희건 그림
011	**세종 대왕** 김선희 글 한지선 그림	041	**박에스더** 이은정 글 곽성화 그림
012	**클레오파트라** 해리엇 캐스터 글 리처드 모건 그림	042	**주몽** 김종렬 글 김홍모 그림
013	**김구** 김종렬 글 이경석 그림	043	**광개토 대왕** 김종렬 글 탁영호 그림
014	**헨리 포드** 피터 켄트 글·그림	044	**박지원** 김종광 글 백보현 그림
015	**장보고** 이옥수 글 원혜진 그림	045	**허난설헌** 김은미 글 유승하 그림
016	**모차르트** 해리엇 캐스터 글 피터 켄트 그림	046	**링컨** 이명랑 글 오승민 그림
017	**선덕 여왕** 남찬숙 글 한지선 그림	047	**정주영** 남경완 글 임소희 그림
018	**헬렌 켈러** 해리엇 캐스터 글 닉 워드 그림	048	**이호왕** 이영서 글 김홍모 그림
019	**김정호** 김선희 글 서영아 그림	049	**어밀리아 에어하트** 조경숙 글 원혜진 그림
020	**로버트 스콧** 에마 피시엘 글 데이브 맥타가트 그림	050	**최은희** 김혜연 글 한지선 그림
021	**방정환** 유타루 글 이경석 그림	051	**주시경** 이은정 글 김혜리 그림
022	**나이팅게일** 에마 피시엘 글 피터 켄트 그림	052	**이태영** 공지희 글 민은정 그림
023	**신사임당** 이옥수 글 변영미 그림	053	**이순신** 김종렬 글 백보현 그림
024	**안데르센** 에마 피시엘 글 닉 워드 그림	054	**오드리 헵번** 이은정 글 정진희 그림
025	**김만덕** 공지희 글 장차현실 그림	055	**제인 구달** 유은실 글 서영아 그림
026	**셰익스피어** 에마 피시엘 글 마틴 렘프리 그림	056	**가브리엘 샤넬** 김선희 글 민은정 그림
027	**안중근** 남찬숙 글 곽성화 그림	057	**장 앙리 파브르** 유타루 글 하민석 그림
028	**카이사르** 에마 피시엘 글 레슬리 뷔시커 그림	058	**정조 대왕** 김종렬 글 민은정 그림
029	**백남준** 공지희 글 김수박 그림	059	**나폴레옹 보나파르트** 남찬숙 글 남궁선하 그림
030	**파스퇴르** 캐런 월리스 글 레슬리 뷔시커 그림	060	**이종욱** 이은정 글 우지현 그림

061	**박완서** 유은실 글 이윤희 그림
062	**장기려** 유타루 글 정문주 그림
063	**김대건** 전현정 글 홍선주 그림
064	**권기옥** 강정연 글 오영은 그림
065	**왕가리 마타이** 남찬숙 글 윤정미 그림
066	**전형필** 김혜연 글 한지선 그림
067	**이중섭** 김유 글 김홍모 그림
068	**그레이스 호퍼** 박주혜 글 이해정 그림
069	**석주명** 최은옥 글 이경석 그림
070	**박자혜** 유은실 글 서영아 그림
071	**전태일** 김유 글 박건웅 그림
072	**스티븐 호킹** 성완 글 국민지 그림

* 계속 출간됩니다.